Moje czytanki

Martynka

W zoo

Na podstawie książek Gilberta Delahaye'a i Marcela Marliera
opowiada Liliana Fabisińska

Papilon

GRUPA WYDAWNICZA
PUBLICAT S.A.

Papilon
książki dla dzieci:
baśnie i bajki, klasyka
polskiej poezji, wiersze
i opowiadania, powieści,
książki edukacyjne,
nauka języków obcych

Publicat
poradniki i książki
popularnonaukowe:
kulinaria, zdrowie, uroda,
dom i ogród, hobby,
literatura krajoznawcza,
edukacja

Elipsa
albumy tematyczne:
malarstwo, historia,
krajobrazy i przyroda,
albumy popularnonaukowe

Wydawnictwo Dolnośląskie
literatura młodzieżowa,
kryminał i sensacja,
historia, biografie,
literatura podróżnicza

Książnica
literatura kobieca
i obyczajowa, beletrystyka
historyczna, literatura
młodzieżowa, thriller
i horror, fantastyka,
beletrystyka w wydaniu
kieszonkowym

NajlepszyPrezent.pl
TWOJA KSIĘGARNIA INTERNETOWA

Tytuł oryginału – *Martine au zoo*
Ilustracje – Marcel Marlier
Redaktor prowadzący – Anne-Sophie Tournier
Redakcja – Anne-Sophie Pawlas
Redakcja serii – Patricia Tollia – pages de France
Autor stron dodatkowych – Mireille Fronty
Opracowanie graficzne – Celine Julien

Redakcja i korekta wersji polskiej – Anna Belter, Eleonora Mierzyńska-Iwanowska
Opracowanie graficzne wersji polskiej oraz okładki – Elżbieta Baranowska
Projekt graficzny okładki – Marek Nitschke

Martine au zoo, książka stworzona przez Gilberta Delahaye'a
i Marcela Marliera/Léaucour Création
Oryginalne wydanie w języku francuskim © Casterman
© Editions Atlas (layout and the documentary leaflet)
Wydanie polskie © Publicat S.A. MMXI, MMXIV

Opublikowano na mocy umowy z Editions Casterman

ISBN 978-83-245-9732-1

Papilon – znak towarowy
Publicat S.A.
61-003 Poznań, ul. Chlebowa 24
tel. 61 652 92 52, fax 61 652 92 00
e-mail: papilon@publicat.pl
www.publicat.pl

ROZDZIAŁ 1

Wyjątkowo ciężki plecak

Martynka usłyszała w radiu wspaniałą wiadomość: w sąsiednim mieście otwarto nowe zoo. Takie, w którym część zwierząt znajduje się na wolności. Można do nich podejść, a niektóre nawet pogłaskać.

– Lwy na wolności? – kręci głową Janek. – Chyba nie chciałbym iść do takiego zoo.

– Jakie lwy? – śmieje się Martynka. – Wśród ludzi spacerują tylko łagodne zwierzaczki. Osiołki, świnki japońskie, może ptaki.

– Kury, świnie i osły? – Janek chyba ma dziś ochotę trochę podokuczać siostrze. – Równie dobrze możemy pojechać na wieś do wujka, tam też je spotkamy. I nie będziemy musieli kupować biletów.

– Nie to nie – wzrusza ramionami Martynka. – Poproszę rodziców, żeby mnie tam zawieźli w niedzielę. Po drodze możemy podrzucić cię do wujka, pospacerujesz po oborze. Całkiem za darmo!

– Dobra, no już, przepraszam. – Janek klepie sio-

strę po ramieniu. – Tak naprawdę bardzo chciałbym pojechać, tak jak ty. Nie wiesz, czy mają tam słonie? – Oczywiście, że mają! – Martynka słyszała wyraźnie, jak dyrektor zoo mówił w radiu z dumą o słoniarni, w której zwiedzający mogą podziwiać te ogromne zwierzęta nawet w czasie największych mrozów. Na razie jest ciepło, ale dobrze wiedzieć, że słonie mają gdzie się schować choćby podczas deszczu. Bo chyba taki słoń, prosto z Afryki, nie znosi opadów ani zimna? Martynka postanawia przejrzeć encyklopedię i dowiedzieć się czegoś więcej o słoniach. Najpierw jednak musi załatwić sprawę z rodzicami.

– Idziesz ze mną czy mam ich poprosić sama? – pyta.

A Janek szybko podnosi się z podłogi, zostawia samolot, który właśnie próbował skleić, i biegnie za Martynką do dużego pokoju.

– Zgodzili się! Jedziemy! Naprawdę jutro tam pojedziemy! – Martynka i Janek skaczą z radości.

– Dzieciaki, idźcie spać! – woła tata zza drzwi. – Musicie jutro wcześnie wstać.

– Już się kładziemy – odpowiada posłusznie Martynka. – Tylko spakujemy rzeczy, które nam się przydadzą.

Wśród tych naprawdę niezbędnych są oczywiście aparat fotograficzny, butelka wody, herbatniki.

– Kanapki przygotujemy rano – mówi Janek, gasząc światło.

Docierają pod bramę zoo o dziewiątej pięćdziesiąt dziewięć. Jeszcze minuta i kasa zostanie otwarta!

– Ależ ten mój plecak ciężki – narzeka Janek, stawiając go na ziemi. – Wsadziłaś do niego nawet swój atlas zwierząt, a sama wzięłaś małą torebeczkę... Nagle Janek urywa. Jego plecak się porusza! Czyżby tam był duch?

– Pieseczku, to ty? – odgaduje od razu Martynka. – Przecież ci tłumaczyłam, że nie możesz z nami jechać. Lwy mogłyby cię pożreć! Albo tygrys! Czy ty wiesz, co tygrys robi z takimi jamniczkami?

– Czy ty wiesz, co my zrobimy z takim jamniczkiem? – wzdycha Janek.

– Do zoo nie wolno wprowadzać psów – martwi się Martynka. – A nie zostawimy go przecież w samochodzie. To byłoby dla niego niebezpieczne, zwłaszcza w taki ciepły dzień jak dzisiaj.

– Chyba wrócimy do domu bez oglądania lwów, tygrysów i słoni – mówi tata smutnym głosem. – Nie wpuszczą nas z psem.

– Piesek zrobił państwu psikusa? – odgaduje strażnik pilnujący wejścia do parku. – Cóż... Macie szczęście. Do naszego eksperymentalnego ogrodu czasami wpuszczamy psa albo kota, żeby zobaczyć, jak potraktuje on dzikie zwierzęta, a one jego. Oczywiście pod kontrolą. Wszyscy w Polsce słyszeli o małej tygrysicy wychowywanej razem z owczarkiem w warszawskim zoo. To nas zainspirowało. Proszę więc z nim wejść, ale ani na moment nie spuszczać go ze smyczy.

– Obiecujemy! – Martynka unosi dwa palce w górę jak harcerka składająca przysięgę.

– Obiecujemy – kiwa głową Janek, który chciałby zapytać tatę, co to znaczy „eksperymentalny" i „zainspirowało", ale całkiem o tym zapomina, gdy tylko dostrzega przez ogrodzenie lwy. Są takie wielkie! I chyba urodziły im się młode. – Biegnijmy tam! – szepcze do Martynki, kiedy tata pokazuje panu strażnikowi bilety do zoo. Piesek też ma swój bilet. Ulgowy! Tak jak Janek i Martynka!

ROZDZIAŁ 2

Jeszcze większe zęby

Piesek chowa się za swoją panią, gdy tylko słyszy groźne ryki lwów. A lwy chyba wcale go nie widzą, bo zajmują się swoimi sprawami, nie zwracając uwagi na małe, krzykliwe stworzenie u nóg Martyn-

ki. Wielki pan lew patrzy czule na swoją żonę, a potem układa się wygodnie na posłaniu z siana i zasypia. Nic w tym dziwnego. Lwy uwielbiają spać w dzień. W Afryce dni są przecież tak gorące, że nikomu nie chce się biegać i polować w takim skwarze. Lwy często wyruszają więc na łowy wieczorem, gdy robi się chłodniej, a księżyc oświetla całą okolicę.

– Ciekawe, co mu się śni – zastanawia się Janek.

– Pewnie sawanna i biegnąca przez nią antylopa, którą mógłby schwytać – odpowiada Martynka. – Albo inny lew z jeszcze piękniejszą grzywą, z którym walczyłby o przywództwo w stadzie.

– Co ma do tego grzywa? – nie rozumie Janek.

– Ona świadczy o zdrowiu lwa, o jego sile, o… – Martynka nie kończy zdania, bo nagle gdzieś z głębi ogrodu dobiega potężny ryk.

Piesek podskakuje, prosząc, żeby wzięła go na ręce.

– Co to za zwierzę? – pyta Janek. – Mam nadzieję, że nie biega wolno, w ramach tego… tego eksperymentu.

– Chodźmy tam, przekonamy się. – Martynka
szybko rusza w stronę, z której dochodził przerażający dźwięk.

Ale dokąd dokładnie powinni iść? W zoo jest tyle
ścieżek, tyle pawilonów i wybiegów. Jak rozpoznają
to zwierzę?

– Hau, hau! – poszczekuje piesek.

A dzieci posłusznie ruszają za nim. Najwyraźniej
on dokładnie wie, kto tak ryczy. A może po prostu
chce odejść jak najszybciej od wybiegu dla lwów?
Ich potężne zęby chyba go trochę przeraziły...

Po chwili ryk rozlega się jeszcze raz.

– Tam, pod mostkiem! – woła Janek i zaczyna biec.

Martynka i piesek pędzą za nim. Wpadają na mały
drewniany mostek i widzą pod nim...

– Hipopotamy! Jakie wielkie! – wzdycha Martynka. – To wy tak ryczałyście?

– Aarrrrrr! – odpowiada najpotężniejszy hipcio
jak na zawołanie. Dzieci aż zatykają sobie uszy, a przerażony piesek znów wtula się w swoją panią.

– Jak to mawia babcia, wpadłeś z deszczu pod rynnę, pieseczku – śmieje się Martynka. – Uciekłeś od lwów i ich wielkich zębów prosto na spotkanie z jeszcze większymi szczękami hipopotamów.

– Fuj! – woła z obrzydzeniem Janek, gdy jeden z hipopotamów daje nagle nura, wyrzucając w górę fontannę błota. – Ochlapał mnie!

– Zobaczcie, tam jest maluszek. – Dziewczynka stojąca obok nich na mostku pokazuje palcem hipopotamiątko. – Dzidziuś, widzicie?

– Dzidziuś? – śmieje się Janek, wycierając się z błota. – Wiesz, że hipopotam, jak się rodzi, waży trzydzieści albo czterdzieści kilogramów? Więcej niż każde z nas! Czytałem o tym w atlasie. Taki maluch ma około stu trzydziestu centymetrów długości.

– Ja mam sto dwadzieścia! – cieszy się Martynka.

– Jesteś więc hipciowym noworodkiem – parska śmiechem dziewczynka, po czym odchodzi, zawołana przez dziadka. W zoo jest jeszcze tyle zwierząt, które chciałaby zobaczyć.

Hipopotamy są naprawdę ogromne.

– Może i nie są małe, ale za to ich uszy… – Martynka wychyla się nieco z mostka, żeby lepiej im się przyjrzeć. – Zobacz, wydają się takie malutkie! Zupełnie nie pasują do potężnych zwierząt.

– Może chciały też mieć coś niedużego dla równowagi? Bycie ogromnym musi być bardzo męczące. Wielka głowa, wielka szczęka, wielki brzuch… – wylicza Janek. Zagląda nawet do atlasu, ale nie ma tam ani słowa o uszach hipopotama.

– Może po prostu do większych wlewałoby im się błoto? – zgaduje Martynka. – Spójrz na tamtego, leży taki zanurzony, wystają mu tylko oczy, uszy i dziurki od nosa. Wygląda jak głaz wychylający się z jeziora.

– Głaz, który tylko czeka, aż przepłynie obok niego ofiara! – Janka aż przechodzi dreszcz, kiedy wypowiada te słowa. – Myślisz, że mógłby złapać lwa tymi swoimi wielkimi szczękami?

– O tym, ile waży hipcio noworodek przeczytałeś bardzo dokładnie – śmieje się Martynka. – Ale

o tym, że hipopotamy są roślinożerne, to już nie! One jedzą głównie trawę, korzonki i różne rośliny wodne.

Janek wpatruje się przez moment w hipopotamy i mówi z przekąsem:

– Wiesz, jestem do nich trochę podobny…

– Ty? – Martynka puka się w czoło. – Jesteś taki chudy, że można ci policzyć wszystkie żebra. I nie masz takich zębów jak one! Ostatnio nawet straciłeś górną czwórkę, prawda?

– Już mi rośnie nowa – oburza się Janek. – Ale nie chodzi o zęby. Ja po prostu lubię jeść, pływać i nurkować… i spać. Tak jak one!

Hipopotamy faktycznie wyglądają na leniwe zwierzaki. Przez większość dnia wylegują się w błocie. Ale to wcale nie z lenistwa! Błoto i woda chłodzą ich potężne ciała. Chronią także skórę przed wysychaniem. A gdy nadchodzi wieczór, hipopotam może przejść nawet osiem kilometrów, żeby zjeść swoją ulubioną trawę.

– My też mamy dziś sporo do przejścia – mówi Martynka, zamykając atlas. – Ruszajmy na spotkanie kolejnych zwierząt. Chciałabym zobaczyć żyrafy i rafę koralową, którą podobno odtworzono tu w gigantycznym akwarium. I koniecznie chcę spotkać te stuletnie żółwie, o których słyszałam w radiu. I muszę… No tak, sporo tego, sami widzicie. Ale nie martwcie się, trawożerni koledzy Janka, zajrzymy do was jeszcze na koniec. To na razie!

– Na razie! – wzdycha Janek, udając obrażonego z powodu docinków siostry.

ROZDZIAŁ 3
Zima czy lato?

Martynka bierze pieska na ręce i trzyma go mocno, kiedy schodzą z mostka. W końcu to, że hipopotam jest zwierzęciem roślinożernym, nie znaczy wcale, że nie może zrobić krzywdy małemu jam-

niczkowi. Ma przecież potężne szczęki i potrafi rozwierać paszczę niesamowicie szeroko.

– Zobacz, białe misie! To znaczy niedźwiedzie polarne! – Janek w ostatniej chwili przypomina sobie odpowiednią nazwę.

– Ale fajnie chlapią się w wodzie. – Martynka porusza rękami, jakby chciała w nie klasnąć, ale zastyga w bezruchu. Przecież trzyma pieska i raczej nie powinna go wypuszczać, gdy niedźwiedzie są tak blisko.

– Brr, ta woda musi być lodowata! – Janek uwielbia pływać, ale nie chciałby marznąć w czasie kąpieli.

– Zobacz, jest im gorąco. Próbują się ochłodzić – mówi Martynka.

A jej brat przypomina sobie, że czytał w atlasie zwierząt coś o zielonym futrze. Jak to było? Futro miśka żyjącego w zbyt ciepłym miejscu zmienia kolor z białego na lekko zielony. Coś okropnego! Tym niedźwiedziom na szczęście nie było za ciepło. Bawiły się świetnie i wcale nie zieleniały od upału.

– Ciekawe, co się tu dzieje zimą, kiedy zamiast liści lecących z drzew z nieba spada pierwszy śnieg – zastanawia się głośno Janek. – Pewnie nieźle świętują z tego powodu. One przecież cały rok z niecierpliwością czekają na zimę.

– Hau, hau, hau! – oburza się piesek. On zdecydowanie woli lato i dalekie spacery. W czasie mrozów nikt go przecież nie zabiera na wielogodzinne wycieczki. Zresztą wcale by nie chciał. Na śniegu tak okropnie marzną mu łapki...

– Pewnie opiekunowie z zoo muszą specjalnie tę wodę chłodzić. – Martynka miałaby ogromną ochotę włożyć do basenu palec i sprawdzić, czy niedźwiedziom nie jest za gorąco. Wie jednak, że mogłoby się to skończyć bardzo nieprzyjemnie. Niedźwiedź polarny to przecież jedno z najgroźniejszych zwierząt na świecie. I jakie potężne! Może ważyć ponad siedemset kilogramów!

– Tyle, co dziesięciu naszych tatusiów... – mówi Janek z niedowierzaniem.

– W Arktyce, gdzie mieszka, nigdy nie ma lata. Grube futro jest mu tam potrzebne. Ale tutaj... Na pewno chciałby je zdjąć! – Martynka nie może przestać o tym myśleć.

Janek jednak przypomina sobie jeszcze jedną wiadomość z atlasu zwierząt: futro chroni niedźwiedzia nie tylko przed zimnem, ale także przed upałami. Działa jak termos, w którym jest chłodno nawet w gorący dzień.

Martynka wpatruje się w basen dla misiów i próbuje sobie wyobrazić biegun północny – krainę wiecznych lodów. Biel dookoła, w oczy zacina lodowaty wiatr, a na oceanie unoszą się kry. Ale gdzie są misie? Oczywiście na krach. Trudno je dostrzec.

– Patrz, urządziły sobie zjeżdżalnię! – Janek wyrywa Martynkę z zamyślenia, pokazując jej rozbawione niedźwiadki. – Te maluchy wcale nie wyglądają groźnie. Przypominają pluszowe miśki. Zobacz, ten najmniejszy ciągnie większego za ucho, żeby namówić go do zabawy!

– Niedługo zrobią się groźne – uśmiecha się tata.

I jakby w odpowiedzi na jego słowa, najmniejszy miś wydaje z siebie srogi ryk.

– Hau, hau! – szczeka na to piesek, wychylając się z ramion Martynki.

Miś ucieka, chowa się przerażony za wielką nogą swojej mamy.

– Ha, ha, ha! – śmieje się Janek. – Jeden z najpotężniejszych drapieżników na Ziemi, a boi się takiego małego jamniczka.

– Może wcale nie chodzi o jamniczka. – Tata wskazuje ręką w lewo. Dzieci podążają wzrokiem za jego dłonią i stają oko w oko z wielbłądem!

Piesek wciska się pod pachę swojej pani, popiskując cichutko.

– To zwierzę na pewno lubi taką pogodę jak dzisiejsza – mówi Janek, patrząc na garbatego ssaka.

– Bardzo lubi – uśmiecha się opiekunka wielbłąda. – Macie ochotę na przejażdżkę? W Afryce ludzie od wieków podróżują na wielbłądach. To zwierzęta pracujące, tak jak w Europie konie. Przemierzają pustynie, są silne i wytrzymałe. Mogą przeżyć kilkadziesiąt dni bez wody…

Martynka i Janek nigdy nie zapomną
przejażdżki na wielbłądzie.

– Ale czy on się nie zmęczy, niosąc nas na grzbiecie? – Martynka ma oczywiście chęć wskoczyć na to ogromne zwierzę. Najpierw jednak upewnia się, że nie zrobi mu krzywdy.

– Dromadery noszą znacznie cięższe ładunki niż dwójka małych podróżników – uśmiecha się pani trzymająca wielbłąda na długiej smyczy.

– Dromadery? Ale to jest wielbłąd, a nie żaden dromader – stwierdza Janek.

A Martynka znów otwiera atlas na odpowiedniej stronie i pokazuje bratu, że są dwa gatunki wielbłąda: dwugarbny, nazywany czasami baktrianem, i jednogarbny, czyli dromader. Ten tutaj to właśnie dromader.

– Baktriana możecie zobaczyć na wybiegu po drugiej stronie głównej alejki – wyjaśnia miła pani. – Dziś nie pracuje…

A Janek i Martynka zaczynają podskakiwać, żeby dostać się na grzbiet dromadera. Ale on wydaje się taki wysoki! Ma takie długie nogi!

– Poczekajcie – śmieje się opiekunka wielbłąda. – On zaraz uklęknie.

I faktycznie wielbłąd zgina nogi w kolanach i siada tak, żeby dzieci mogły się wygodnie umościć. Potem unosi się, a one zaczynają krzyczeć, jak na kolejce w wesołym miasteczku. Przez moment mają wrażenie, że spadną. Ale nie, wielbłąd wstaje i rusza przed siebie parkowymi alejkami, kołysząc się łagodnie. A dzieci oglądają z góry kolejne wybiegi dla egzotycznych zwierząt.

– Patrz, słonie!

– A tam tygrysy!

– Ojej, muflon! To chyba muflon, prawda? Ma takie duże, zagięte rogi! Jest na wolności, zobacz! Ta dziewczynka go obserwuje.

– A tam chłopiec robi zdjęcie lamie!

– A tam… dzieci jeżdżą na osiołku! A może to kucyk? Nie widzę dokładnie…

Janek i Martynka ruszają głowami we wszystkie strony, próbując zobaczyć jak najwięcej.

– Małpy! Tam są wielkie, wielkie małpy! Czy to goryle? A może szympansy? – Martynka wychyla się, a wielbłąd ostrzegawczo zarzuca głową, jakby chciał powiedzieć: „Uważaj, bo spadniesz!".

– Chcecie iść do małpiarni? – Pani prowadząca wielbłąda unosi głowę i woła do dzieci: – Możecie tutaj zejść. Stój, maleńki. Stóóój...

I wielbłąd staje, a potem znów ugina kolana, a dzieci krzyczą, jakby miały wypaść z siedziska.

Ale nie spadają, tylko schodzą spokojnie, grzecznie dziękują za cudowną przejażdżkę i ruszają z tatą dalej. Na spotkanie z małpami!

ROZDZIAŁ 4

Małpie igraszki

Dziękujemy! – Martynka odwraca się jeszcze raz do wielbłąda i jego opiekunki i macha ręką.

– To było lepsze niż jazda pociągiem lub autobusem! – dodaje Janek. – Nawet lepsze niż jazda rowerem!

– Ależ tu głośno! – Tata robi gest, jakby chciał za-
tkać uszy. I faktycznie, zbliżając się do małpiarni,
słyszą straszny hałas. Małpy przekrzykują się, pohu-
kują, wyrywają sobie owoce z rąk i uciekają z piskiem po kamieniach.

– Ta małpia mama chyba nie może sobie poradzić
z niegrzecznymi małpiątkami. – Martynka pokazuje palcem małpią rodzinkę. Mama próbuje asekuro-
wać jedno z dzieci bujające się niezgrabnie na linie
i jednocześnie karmić drugie orzeszkami.

– Może tata mógłby jej pomóc? – zastanawia się
Janek. – On chyba też ma jakieś obowiązki?

– „U szympansów dziecko wychowywane jest
przez całe stado" – czyta Martynka. Tym razem nie
z atlasu, ale z tabliczki wiszącej przy wybiegu dla
małp. – No, hej, ruszcie się! Niech ktoś pomoże tej
biednej szympansicy!

Pozostałe szympansy siedzą jednak wygodnie pod
drzewem i patrzą w napięciu na inne małpiątko,
jeszcze mniejsze od tego, które buja się na grubej li-

nie. Maleństwo wspina się po grubym pniu i z impetem skacze w dół. Po czym znów wdrapuje się na górę… i jeszcze raz… i jeszcze…

– Przysięgłabym, że tamta wielka małpa roześmiała się, gdy maluch się poślizgnął – mówi Martynka.

A Janek wertuje atlas i kiwa głową.

– „Mimika szympansów jest bardzo podobna do mimiki ludzi" – czyta. – To znaczy, że robią miny, tak jak my. Śmieją się, dziwią, marszczą brwi.

– O, tamten naprawdę je marszczy! I to jak! – Martynka wpatruje się teraz w kolejne małpie pyski… a właściwie, chciałaby powiedzieć, twarze. Bo przecież one są tak bardzo podobne do nas!

– Nie tylko człekokształtne, ale i człekotwarze – śmieje się dziewczynka. – Spójrzcie, jak tamta wydęła wargi. Jakby chciała powiedzieć: „Phi, też coś, ja od dawna tak potrafię!". – A ta druga przewraca oczami! Jak klaun w cyrku! – woła Janek.

Można byłoby patrzeć na ten spektakl godzinami.

Nagle jedna z małp zauważa pieska. I zamiast włożyć do pyska orzeszek, który trzyma w palcach, rzuca go prosto pod nogi Martynki.

Jamniczek zeskakuje z jej ramion, bierze fistaszka między zęby i wypluwa zaskoczony. Co to takiego? Jak można jeść takie dziwne rzeczy?

– Powinieneś go obrać z tej twardej skorupki – śmieje się Janek. – Pomogę ci.

Ale piesek nie ma ochoty na fistaszka, nawet bez skorupki. Zdecydowanie wolałby jakieś mięsko, rybkę, może być nawet kasza z warzywami… Albo

sucha karma, którą jego państwo kupują co tydzień w tym sklepie pachnącym tyloma przysmakami. Ale orzeszki? O nie! Piesek odwraca się na pięcie i chce wskoczyć z powrotem w ramiona Martynki. Lecz dziewczynka szepcze mu do ucha:

– Nieładnie… Ktoś cię poczęstował swoim smakołykiem, dobre maniery każą przynajmniej spróbować. Postaraj się!

Małpka też nie spuszcza go z oka. Ludzie wokół nie patrzą już na małpy, wszyscy obserwują jamniczka i leżący przed nim orzeszek.

Piesek wzdycha, jakby chciał powiedzieć: „Niech wam będzie. Skoro muszę…" i połyka orzech w całości, krzywiąc się przy tym okropnie.

– Brawo! – woła pani stojąca obok.

– Brawo, piesku! – mówi tatuś i z uśmiechem głaszcze jamniczka po karku.

– Chodźmy stąd, zanim małpy poczęstują go kolejnymi przysmakami – decyduje Martynka.

I ruszają szybkim krokiem w stronę ptaszarni.

Żyrafa to najwyższe zwierzę na świecie.

Po drodze ich uwagę przyciągają jednak żyrafy.

– Można do nich podejść, są bardzo łagodne – mówi pan z przypiętą do koszulki plakietką „Opiekun żyraf". – Tylko bądźcie cicho. One mają bardzo wrażliwy słuch. Nie znoszą hałasu. Mogą uciec, jeśli będziecie krzyczeć albo gdy zaszczeka pies.

– Słyszysz? – szepcze Martynka do pieska. – Musisz być cicho jak myszka. Piesek ani myśli szczekać! Obserwuje z zachwytem te eleganckie zwierzęta o długich szyjach.

– Wyglądają jak modelki na pokazie nowej kolekcji ubrań w łatki – śmieje się Martynka.

– Patrz, ta uklękła, żeby napić się wody – pokazuje Janek, szepcząc najciszej, jak się da. – Chyba wcale nie jest wygodnie pić z taką długą szyją.

– Za to zdecydowanie pomaga ona w jedzeniu – odpowiada jeszcze ciszej Martynka, patrząc na drugą żyrafę, która sięga po liście z najwyższej gałęzi drzewa.

– Zobacz, jakie ma śliczne rożki – mówi Janek. – Takie malutkie, pokryte skórą. Nie widziałem cze-

goś takiego u żadnego innego zwierzęcia! A pod nimi jeszcze takie... takie wypustki, jakby sobie nabiła guza.

– Wyrostki kostne – uśmiecha się opiekun żyraf przysłuchujący się rozmowie. – Wiecie, że niektóre mają ich aż pięć, a inne tylko dwa? Część naukowców uważa, że żyrafy można podzielić na podgatunki, właśnie ze względu na liczbę tych wyrostków.

– Czuję się przy niej taka maleńka! – Martynka zadziera głowę, by spojrzeć żyrafie w piękne, czarne oczy.

– Przy niej? – śmieje się Janek. – To ciekawe, jak będziesz się czuła, kiedy pójdziemy do słoni...

ROZDZIAŁ 5

Ulubione zwierzę Janka

Trudno ich nie zauważyć. Dzieci już z daleka widzą wybieg dla słoni.

– Są naprawdę ogromne! – wzdycha Martynka. – Większe, niż myślałam!

– Każdy z nich może ważyć nawet sześć ton – mówi Janek, wchodząc do pięknej słoniarni.

– Urządzili im tu prawdziwy afrykański raj. – Martynka na chwilę odrywa wzrok od słoni i rozgląda się dookoła. – Te palmy, te skały…

– Azjatycki raj – uśmiecha się Janek. – To słonie
indyjskie, a nie afrykańskie.

– Skąd wiesz? – Martynka szuka tablicy z opisem
zwierząt, ale najprawdopodobniej stoi ona przy drugim
wejściu do słoniarni.

Janek nie mógł jeszcze jej przeczytać. A więc atlas? Ale nie, atlas jest schowany w torbie, Janek nie zaglądał do niego już od kwadransa…

– To przecież banalnie proste – wzrusza ramionami jej brat. – Słonie afrykańskie mają wielkie uszy, którymi mogą się wachlować w czasie upału albo odganiać muchy. Takie ucho słonia z Afryki może mieć nawet półtora metra!

– To więcej niż ja mam wzrostu! – Martynka jest pod wrażeniem.

Prawdę mówiąc, myślała, że wszystkie słonie mają takie duże uszy, które pomagają im się chłodzić w gorące dni. Ale teraz, patrząc na trzy dorosłe słonie i jednego maluszka stojącego tuż przed nią, musi zmienić zdanie. Ich uszy na pewno nie są większe niż Martynka! Wszystkie słonie w tym ogrodzie zoologicznym mają śmieszne małe uszka. A to oznacza, że…

– To słonie indyjskie, tak? – upewnia się. A Janek kiwa głową. On chyba rzeczywiście bardzo dużo wie o słoniach.

– Nie mówiłem ci, że to moje ulubione zwierzęta? – pyta. – Widziałem kiedyś film o sierocińcu dla słoni. Ludzie karmili tam butelką słoniątka większe od nich samych. Zapamiętałem, że noworodek słonia waży sto kilogramów.

– Sto? – Martynka nie bardzo potrafi sobie wyobrazić, co na świecie waży sto kilogramów.

Tata więc jej podpowiada:

– Gdybym niósł cię na barana i stanął z tobą na wadze, ważylibyśmy razem właśnie sto kilogramów. Może nawet sto jeden...

Teraz już Martynka może sobie wyobrazić tego słoniowego oseska.

– Ciekawe, jakiej wielkości były te butelki i smoczki? – śmieje się.

Ale Janek nie pamięta dokładnie smoczków z filmu. Całą jego uwagę przyciągnęły wtedy słonie...

– Pamiętam, że szukaliśmy po wszystkich sklepach innych płyt z filmami o słoniach – uśmiecha się tata. – Nie chciałeś żadnych animowanych histo-

ryjek, żadnych bajek. Musiały być filmy dokumentalne o życiu zwierząt. Męczyłeś nas chyba przez rok.

Martynka już otwiera usta, żeby zapytać, czy jeszcze mają te filmy w domu. Bardzo chciałaby je obejrzeć! Szkoda, że nie oglądała ich razem z Jankiem wtedy, kilka lat temu. Pewnie wolała bajki o księżniczkach. Chce to wszystko powiedzieć tacie i bratu, nagle jednak tuż koło niej w niebo tryska fontanna wody.

Potężny słoń wskoczył do basenu i nagle wydaje się lekki, szybki, sprawny… Płynie jak zawodnik na mistrzostwach świata!

– Niesamowite – mówi Janek. – Mogłyby uczyć dzieci pływać. Brałyby przedszkolaka na plecy i ruszały przed siebie. A potem asekurowałyby go trąbą.

– Nie wiem, czy dałyby się namówić do takiej pracy – śmieje się Martynka.

– W Azji są hodowle słoni, które od małego przygotowuje się do pracy z człowiekiem. – Janek przypo-

Czy ten słoń pochodzi z Azji czy z Afryki?

mina sobie kolejny film ze swojej kolekcji sprzed kilku lat. – Potrafią świetnie współpracować z opiekunem, tak jak konie. I są bardzo łagodne. Widziałem, jak uwijały się przy wyrębie lasu...

Zdaniem Martynki, określenie „uwijać się" nie pasuje do takiego wielkiego zwierzęcia jak słoń. Przynajmniej wtedy, kiedy jest on na lądzie, a nie w wodzie. Ale znów nie zdąża podzielić się swoją myślą z tatą i bratem, bo nagle tuż obok niej zaczynają się przepychać podekscytowane dzieci.

– Co się dzieje? – pyta Martynka, wspinając się na palce.

Okazuje się, że pan z brodą, który stoi po lewej stronie wybiegu, jest opiekunem słoni. Przyniósł orzeszki i owoce, czyli przysmaki swoich podopiecznych.

– Możecie je podać słoniom, jeśli chcecie – mówi, rozdając

dzieciom po kilka sztuk. – Tylko ostrożnie, nie wy-
chylajcie się za ten murek!

– Zobacz, czy przyniósł figi – szepcze do Martynki brat. – Jeśli są figi, weź całą garść. Słonie indyjskie
ubóstwiają figi!

– Widzę, że naprawdę dużo wiesz o słoniach. – Jakiś pan z notatnikiem podchodzi do Janka. – Gra-
tuluję. Jestem dziennikarzem i przygotowuję artykuł o słoniach. Może zechciałbyś powiedzieć mi,
co najbardziej ci się w nich podoba?

Janek zastanawia się przez moment, wreszcie odpowiada:

– Siła. Siła i łagodność.

– A co sądzisz o… – Dziennikarzowi przerywa
szalone ujadanie.

– Przepraszam! To nasz piesek! – woła Janek i biegnie szukać jamniczka.

Martynka jednak jest szybsza. Piesek stoi na kamieniach i szczeka, a mały słonik macha trąbą w jego
stronę.

– Nie wolno tam wchodzić! – Martynka chwyta pieska mocno w ramiona. – Chciałbyś się pobawić z tym kolegą z długą trąbą? Oj, obawiam się, że rozgniótłby cię niechcący jedną nogą…

– Chodźmy stąd gdzieś, gdzie będzie dla niego bezpieczniej – mówi tata.

Janek rozgląda się za dziennikarzem, chętnie by z nim jeszcze porozmawiał… Ale niestety, nigdzie go już nie widać.

ROZDZIAŁ 6

Jaka ładna piżama!

Pora na spotkanie z niewielkim stadem pasiastych zebr. Urządzono im w tym parku, nad małą rzeczką, naprawdę piękny kącik. Mogą tu się bawić i dokazywać do woli!

– Wyglądają jak konie w kombinezonach w paski – śmieje się Martynka.

– Jak konie w piżamach – chichocze Janek.

– Hau, hau! – Piesek też śmieje się razem z nimi.

Zebry, oczywiście, nie widzą w swoim wyglądzie nic śmiesznego. Paski są dla nich jak odciski palców: każda ma inny, niepowtarzalny wzór na swoim ciele.

– Ale po co im właściwie te paski? – Janek wie dużo o słoniach, ale na zebrach nie zna się ani trochę.

Z pomocą przychodzi mu opiekun tych pięknych zwierząt, pilnujący wybiegu.

– My rozpoznajemy się po twarzach, psy po zapachu, natomiast zebry po paskach – wyjaśnia. – Ale najważniejsze jest to, że paski chronią zebry przed drapieżnikami.

– Jak to? – nie rozumie Martynka. – Przecież one nie mogą chyba działać maskująco? Beżowa antylopa na żółtym piachu, wśród brązowych gałęzi, jest prawie niewidoczna. Ale czerń i biel? Tych kolorów nie ma zbyt wiele na afrykańskich sawannach…

– Nie chodzi o wtapianie się w krajobraz – wyjaśnia z uśmiechem opiekun zwierząt. – Zebry to ssaki stadne. Żyją w stadach składających się z samca, kilku samic i ich dzieci. Na widok drapieżnika zbijają się w grupkę. A wtedy lew albo inne groźne zwierzę widzi wielką ścianę pasów. Nie wie, gdzie kończy się jedna zebra, a zaczyna druga. Nie sposób zaatakować siedmiu czy dziesięciu zebr naraz!

– Są takie piękne – powtarza Martynka. – Chciałabym się przejechać na jednej z nich…

– Nic z tego – śmieje się opiekun. – Zebry nie dają się dosiąść, nie chcą pracować z człowiekiem. W Afryce próbowano tego wiele, wiele razy. Zwłaszcza po wojnach, kiedy brakowało koni, ludzie robili, co mogli, by zebry ciągnęły wozy i pługi, by nauczyły się nosić siodło. I nic z tego nie wyszło.

– Szkoda – wzdycha Martynka.

Kawałek dalej mieszkają inne czarno-białe zwierzęta. To pingwiny!

– Jakie wielkie! – Martynka staje oko w oko z największym gatunkiem tych ptaków. To pingwiny cesarskie mieszkające na Antarktydzie. – Ten po lewej jest chyba wyższy ode mnie!

Niedaleko tego miejsca kłębi się jednak ogromna grupa zupełnie innych pingwinków – malutkich, zwinnych, wykonujących w wodzie wesołe fikołki. To kolonia pingwinów przylądkowych. Przyjechały do zoo z Afryki, tak jak zebry.

– Jak to z Afryki? – pyta zdziwiony Janek. – Przecież tam jest bardzo gorąco! A pingwiny potrzebują śniegu, prawda?

– Potrzebują zimnej wody – prostuje ruda pani, która pojawia się nagle za jego plecami. To opiekunka pingwinów. Wie o nich prawie wszystko. – A na Przylądku Dobrej Nadziei w Republice Południowej Afryki albo tuż obok, w Namibii, ocean jest lodowaty. Spójrz w domu na mapę. Na sam dół kartki. Południe Afryki jest bardzo blisko bieguna.

– Lodowaty ocean? W Afryce? – nie dowierza Janek. – A palmy tam rosną?

– Rosną – uśmiecha się ruda pani.

Martynka przymyka oczy i wyobraźnia natychmiast podsuwa jej pingwina wygrzewającego się pod palmą. Na leżaku, w ciemnych okularach i słomkowym kape-

luszu, ze szklanką zmrożonej lemoniady, którą sączy przez słomkę. I nagle zaczyna się śmiać sama do siebie. Zdecydowanie musi kiedyś pojechać na południe Afryki, gdzie można spotkać i zebry, i pingwiny, i słonie z wielkimi uszami. A kiedy już tam będzie, wejdzie do oceanu i przekona się na własnej skórze, czy naprawdę jest taki lodowaty!

ROZDZIAŁ 7

Podróż do Australii

Czas na spotkanie z mieszkańcami Australii – mówi z uśmiechem Martynka, czytając uważnie tabliczkę stojącą na trawniku przy wejściu do kolejnej części zoo.

– Mieszkańcami Australii? – powtarza Janek. – Tu żyją Aborygeni? Będziemy się uczyli rzucać bumerangiem i opowiedzą nam o swoich zwyczajach? Super! To bardzo ciekawe, zawsze chciałem się dowiedzieć, czy w czasie polowań naprawdę rozmawiali ze sobą na migi. Widziałem w telewizji, że mieli niesamowicie rozwinięty język znaków i...

Martynka kręci głową. Mieszkańcami Australii są przecież nie tylko ludzie, ale też zwierzęta!

– Przeczytaj sam: „Witamy w Australii! Zapraszamy do krainy kangurów i koali!"...

– Hurra! – woła Janek. – Nigdy nie widziałem żywego kangura!

– To spójrz w lewo! – Martynka znów zaczyna się śmiać, widząc zdumioną minę brata.

– Kangulek – powtarza z trudem mała dziewczynka, spacerująca po zoo ze swoją babcią. I klaszcze w rączki, nie wiadomo czy z powodu spotkania z tym skocznym zwierzakiem, czy z radości, że udało jej się prawie dobrze wypowiedzieć tę nazwę.

– Wiecie, że słowo „kangur" pochodzi z bardzo starego języka, którym do dziś mówi kilkuset Aborygenów z Hopevale? – tłumaczy tata Martynce i Jankowi. – Czytałem artykuł o ich języku. Jeśli dobrze pamiętam, kangur oznacza mniej więcej: „Ma duże uszy i skacze do chmur" lub według innych badaczy: „Wielkie, szybkie stopy".

– No, stopy to on ma większe niż uszy – śmieje się Janek. – I pewnie szybko może na nich skakać…

– Bardzo szybko – kiwa głową Martynka, wertując atlas zwierząt. – Prawie pięćdziesiąt kilometrów na godzinę. To tyle, co jadący po mieście samochód.

– A jeden jego skok może mieć długość dziewięciu metrów. – Brat zagląda Martynce przez ramię i odczytuje z powagą kolejne informacje.

Jakby na potwierdzenie jego słów jeden z kangurów odrywa się nagle od ziemi i przeskakuje na drugi koniec trawnika.

Piesek odskakuje z piskiem i chowa się za Martynką. Nie przypuszczał chyba, że te miłe zwierzaki mogą być takie niebezpieczne! I takie szybkie!

– Ha, ha, ha! – śmieją się piękne papugi kakadu, strosząc swoje wysokie czuby. – Ha, ha! Ho, ho! Uciekaj! Uciekaj!

– One naprawdę mówią! – woła Janek zdumiony.

– I naśladują ludzki śmiech i inne dźwięki – dodaje tata. – Kakadu nie są w tym, co prawda, tak do-

bre jak afrykańska papuga żako albo szpak gwarek, ale z naśladowaniem różnych głosów też radzą sobie całkiem nieźle.

Uwagę Martynki przyciągnęło jednak coś zupełnie innego.

– Zobaczcie, on... To znaczy ona... Ona ma maluszka w torbie! – Dziewczynka pokazuje tacie i Jankowi maleńką główkę wychylającą się na moment z bezpiecznego schronienia na brzuchu mamy.

– Udało się! Mam go na zdjęciu! – cieszy się pan z aparatem fotograficznym. – Strasznie trudno jest sfotografować takiego małego kangurka. One rzadko wystawiają główki. A potrzebuję tego zdjęcia na wystawę o torbaczach.

– Torbacze to takie zwierzęta, które noszą młode w torbie? – zgaduje Martynka.

– Tak – uśmiecha się fotograf. – To duża rodzina zwierząt, z których większość żyje w Australii. Wśród nich są, oprócz kangurów, walabie, koale, diabły tasmańskie...

– Koala także nosi dzieci w torbie? – dziwi się Martynka.

– Przez pół roku – kiwa głową mężczyzna.

– Diabeł tasmański? – upewnia się Janek. – Nie wiem, co to za zwierzę, ale ja na miejscu kangura na pewno nie cieszyłbym się, że jest moim krewnym. Mieć diabła w rodzinie, też coś!

– Zaczyna padać – mówi ostrzegawczo tata.

A papugi zaczynają krzyczeć jak szalone. Czyżby nie lubiły deszczu i chciały schować się do kangurzej torby?

– Nie ma tam miejsca dla was – zaczyna tłumaczyć im Martynka, ale zaraz wybucha śmiechem.

One wcale się nie boją! I nie potrzebują torby ani parasola. Najwyraźniej bardzo lubią taki ciepły, letni deszcz! Rozkładają skrzydła i stroszą piórka, żeby złapać każdą, nawet najmniejszą kroplę!

– Ja wolę jednak gdzieś się schować – mówi Janek. – Biegnijmy, przeczekamy deszcz w akwarium!

Akwarium wypełniają niesamowite stworzenia. Znajdują się wśród nich nie tylko kolorowe ryby ze wszystkich stron świata, ale też rozgwiazdy, ośmiornice, no i żółwie.

– Jaki wielki! – Janek kręci głową na widok żółwia morskiego i czyta opis na tabliczce przy szybie: – „Karetta". Tak się nazywa ten gatunek… No faktycznie, można byłoby całkiem wygodnie na nim podróżować. „Może ważyć nawet pięćset kilogramów". Słyszysz, Martynko? Moglibyśmy założyć maski i płetwy i zanurkować na nim, żeby poszukać skarbu piratów na dnie morza.

– Pewnie zamiast skarbu znaleźlibyśmy drewnianą nogę jakiegoś pirata! – śmieje się Martynka.

ROZDZIAŁ 8

Kto tu jest królem?

Przestało padać! – Janek wygląda z pawilonu przez uchylone drzwi. – Chodźmy na spotkanie z kolejnymi zwierzakami.

Martynka nabiera powietrza głęboko w płuca.

– Ależ było duszno w tym akwarium – mówi. – Nie chcę na razie wchodzić do żadnych budynków! Obejrzyjmy jakieś zwierzęta, które najlepiej czują się na dworze.

– Co powiesz na ptaki? – uśmiecha się tata.

– Ptaszarnia? O nie, tam znowu nie będzie czym oddychać! – kręci głową Martynka.

Ale tata wcale nie myśli o ptaszarni, w której żyją delikatne afrykańskie czy australijskie gatunki. Większość ptaków dobrze radzi sobie na dworze przez cały rok. Tak jak te, które mieszkają na wybiegu, nazwanym w tym zoo wyspą żurawi.

– Nie miałem pojęcia, że istnieje tyle gatunków żurawi! – Janek rozgląda się po wybiegu z wyspą nad małym jeziorkiem. – Są chyba wielkości naszego bociana. Ale jakieś takie bardziej… bardziej eleganckie.

Do wyspy zbliża się grupka dzieci z przewodnikiem, który opowiada im o zwierzętach. Martynka słucha z zainteresowaniem.

– Tamte szare to żurawie zwyczajne, można je spotkać także w naszej części Europy, jeśli ma się dużo szczęścia. Bo z każdym rokiem ich liczba maleje – mówi przewodnik. – To ptaki wędrowne, mogą przelecieć tysiące kilometrów, żeby umknąć przed mrozem. Na przykład pod koniec lata na niebie widać klucze żurawi podróżujących z Polski do Hiszpanii…

– A te w złotych koronach na głowie? – pyta jakaś mała dziewczynka. – To są zaczarowani królewicze?

Dzieci zaczynają chichotać.

– Ola naoglądała się za dużo bajek, proszę pana! – woła jeden z chłopców.

Ale ku jego zaskoczeniu przewodnik mówi:

– Brawo! Bardzo dobrze skojarzyłaś, Olu. Te żurawie nazywają się koronniki szare. Koronniki z powodu piór ułożonych jak złota korona. Mieszkają w Afryce. Jest tam taki kraj, Uganda, który ma koronnika w swoim godle i na fladze.

Dziewczynka, która przed chwilą wyglądała, jakby miała się rozpłakać, teraz promienieje z dumy.

– Bardzo piękne są te wszystkie żurawie – mówi chłopiec, który próbował z niej żartować. – Ale jak one głośno krzyczą!

Faktycznie, wszyscy zatykają sobie uszy, gdy jeden z żurawi nagle wydaje z siebie dźwięk podobny do sygnału trąbki.

– Ten głos nazywany jest klangorem – wyjaśnia przewodnik. – Żurawie najczęściej wydają go w czasie lotu. W gnieździe natomiast krzyczą zupełnie inaczej. Oooo, właśnie tak!

Spacerujący koło ogrodzenia żuraw wydaje ten przenikliwy dźwięk jak na zawołanie. Dzieci śmieją się, ktoś nawet klaszcze w dłonie. Jednak nie wszyscy są zachwyceni. Bo na wyspie żurawi, wbrew nazwie, mieszkają nie tylko one. Dziwny ptak z gołą głową i szyją rusza niespodziewanie truchtem, próbując dogonić i ugryźć wielkim dziobem hałaśliwego koronnika.

– To marabut – oznajmia Janek, nie czekając na wyjaśnienia przewodnika. – Widziałem go kiedyś

w filmie o słoniach. On także mieszka w Afryce. Brr, nigdy nie zapomnę tej jego gołej skóry na pomarszczonej szyi. Dobrze, że przynajmniej na brzuchu i skrzydłach ma normalne pióra!

Nagle pojawia się opiekun ptaków i podaje zwierzętom obiad. Marabut dostaje kawałek surowego mięsa. To przecież drapieżnik. Chętnie je padlinę, ale też świetnie łowi ryby.

A co opiekun przyniósł dla żurawi? Ich menu jest bardziej urozmaicone. Jedzą właściwie wszystko: ziarna, liście, orzechy, a oprócz tego koniki polne, żaby, motyle...

– Orzechy na liściu, zagryzane motylimi skrzydełkami i nogą pasikonika? Ble! – krzywi się Janek. – To obrzydliwe!

– Hau, hau! – odzywa się nagle piesek siedzący wygodnie w ramionach swojej pani.

– Też nie chciałbyś jeść takiego obiadu? – śmieje się tata. – O to chodzi?

– Nie, chyba raczej narzeka, że mu gorąco – odgaduje od razu Martynka. – Faktycznie, jest tu jak w Afryce. Zaraz, poczekaj, dam ci troszkę wody…

Dziewczynka pamiętała o wszystkim przed wyjściem z domu. Włożyła do torebki małą butelkę wody i plastikową miseczkę. Piesek pije łapczywie. Janek, patrząc na niego, też poczuł pragnienie. Sięga więc po swoją butelkę. W upał trzeba dużo pić, bez względu na to, czy się jest jamnikiem, czy małym chłopcem.

– Chodźmy gdzieś, gdzie będzie więcej cienia – prosi Martynka. – O, na przykład pod tamte skały…

– Spotkacie tam króla ptaków – mówi na pożegnanie przewodnik, który idzie z grupą dzieci w przeciwną stronę. – Pokłońcie mu się nisko!

– Król? – zastanawia się Janek. – Kto mógłby nim być? Największy ze wszystkich ptaków? To chyba struś? Czy może kondor? Kondory też są wielkie, prawda? A może król wcale nie musi być największy, tylko najszybszy?

– Najszybszy jest sokół wędrowny – podpowiada tata. – Gdy tylko zobaczy ofiarę, pędzi szybciej niż bolid wyścigowy! Ale to chyba nie o niego chodzi…

– Król powinien być mądry, a najinteligentniejsze są kruki. – Janek wpada na nowy pomysł. – Więc może chodzi o kruka?

– A może o ptaka, który przemierza największe odległości? – zgaduje Martynka. – Tak jak bocian, podróżujący z Polski do Afryki, a potem z Afryki do Polski…

Do rozmowy włącza się opiekun ptaków, który właśnie skończył karmić marabuta i idzie dalej wzdłuż wybiegów:

– Większą odległość pokonuje co roku rybitwa popielata, lecąca z Grenlandii na Antarktydę i z powrotem. Trzydzieści sześć tysięcy kilometrów! – mówi.

– Ale chyba rybitwa nie jest królową ptaków? – pyta niepewnie Martynka.

Zagadka rozwiązuje się sama, gdy podchodzą do ogromnej, bardzo wysokiej klatki ze strzelistymi

Janku, poszukaj tego ptaka w atlasie – prosi Martynka.

skałami w środku. Tabliczka wisząca na niej informuje, że mieszkają tu orły.

– Orły! Orły są królami ptaków! No jasne! – stuka się w czoło Janek. – Wielkie, piękne, silne, dumne…

– A gdzie bielik? – rozgląda się Martynka. – Orzeł bielik, ten z polskiego godła?

– Bielik nie należy do orłów – tłumaczy opiekun ptaków. – Ma nieopierzone nogi i inny kształt dzioba niż orły. Naukowcy zaliczają go więc do orłanów, a nie do orłów. Ale oczywiście jest w tej klatce. Tam, na najwyższej skale po lewej, widzisz?

– Ale on wcale nie jest biały! – Martynce aż kręci się w głowie od tych niesamowitych wiadomości. Orzeł z godła to tak naprawdę nie orzeł, i w dodatku ma brązowe upierzenie!

– Ogon i głowa robią się białe dopiero u starszych ptaków – uśmiecha się opiekun. – Musicie podejść kawałeczek dalej, za tamtą skałą siedzi nasz bielik emeryt. Ma głowę białą jak śnieg! Widzicie? Tam, po prawej stronie.

A dzieci z szacunkiem kiwają głowami na widok króla ptaków.

– A co one jedzą? – pyta Janek.

– Potrafią upolować czaplę albo gęś – mówi dumnie opiekun bielików. – Ale ich największym przysmakiem są ryby. Dlatego zakładają gniazda nad wodą. W Polsce najwięcej bielików występuje na Pomorzu i Mazurach.

– Chciałabym kiedyś zobaczyć takie gniazdo – wzdycha rozmarzona Martynka. – I mamę przynoszącą w dziobie okonie i płotki dla swoich dzieci.

– Musisz więc kupić dobrą lornetkę – śmieje się tata. I szybko wyjaśnia, że bieliki znajdują się w Polsce pod ścisłą ochroną. To oznacza, że nie tylko nie wolno na nie polować, ale nawet zbliżać się do ich gniazd. W czasie gdy wysiadują jaja i karmią młode, ta strefa ochronna wynosi aż pół kilometra! Wszystko po to, by miały spokój.

„Będę oszczędzać na lornetkę – obiecuje sobie Martynka. – Może uskładam do następnych wakacji"…

ROZDZIAŁ 9

Najpiękniejsze ptaki na świecie

Dzieci zatrzymują się na mostku nad kolejnym stawem, przy którym znajduje się tabliczka: „Europejskie ptaki wodne".

– Mogłabym patrzeć na te kaczki godzinami – mówi dziewczynka w różowej sukience stojąca obok Janka. – Są takie śmieszne!

– Kochanie, pospiesz się, jeśli chcesz jeszcze zobaczyć nosorożce, nim wyjdziemy z zoo – prosi ją dziadek. – Stoimy tu już od kwadransa.

Dziewczynka wzdycha, rzuca ostatnie spojrzenie na dwie kaczki wyrywające sobie kawałek jakiejś rośliny, a potem idzie za dziadkiem.

Martynka bierze pieska na ręce i rusza razem z Jankiem i z tatą w dalszą drogę, wzdłuż rosnącego przy alejce gęstego żywopłotu. I nagle…

– Ktoś tam jest – mówi szeptem Janek. – Widziałem wyraźnie wielkie oko między listkami. Ktoś nas chyba śledzi!

Martynkę przechodzi dreszcz. Piesek przytula się mocniej do jej ramion.

– Myślisz, że to wilk? – szepcze Martynka do brata.

– Może krokodyl? – Janek naprawdę się boi. – Kto wie, jakim jeszcze zwierzętom dyrektor tego zoo po-

zwolił w ramach eksperymentu chodzić wolno po całym terenie?

– Czytaliśmy przecież, że nie ma wśród nich gatunków niebezpiecznych dla człowieka. – Tata próbuje ich uspokoić, ale odruchowo też ścisza głos, jakby wcale nie czuł się pewnie.

Liście znowu szeleszczą.

– Może to lew? – Jankowi zaczynają drżeć łydki.

Piesek szczerzy zęby i warczy, przywierając całym ciałem do ręki swojej pani. Wystraszy jakoś tego lwa!

Nagle Martynka dostrzega, kim jest śledzące ich stworzenie i zaczyna się głośno śmiać.

– Zobaczcie! To mała małpka! Jaka śmieszna!

Wszystkim od razu poprawia się nastrój. Nie czyha na nich żaden lew ani wilk!

– Małpko, czy ty się przypadkiem nie zgubiłaś? Nie odeszłaś za daleko od mamy? – pyta Martynka.

Ale małpka nie wygląda na przerażoną. Zachowuje się raczej, jakby chciała im coś pokazać. Tak, wy-

raźnie wskazuje, żeby za nią poszli! Skacze wokół, zawisa przez moment na drzewie nad ich głową i macha łapką w stronę jeszcze jednego stawu, daleko, na samym końcu alejki.

– Dlaczego ta woda tak dziwnie szumi? – zastanawia się Martynka, idąc posłusznie za małpką. I nagle dostrzega, że to nie jest zwykły staw, ale prawdziwy wodospad, rozbijający się o kamienie. A pod nim...

– Różowa woda? – Janek mruży oczy, próbując dostrzec coś więcej. – Piana? Ktoś wpuścił do stawu różowy płyn do kąpieli?

– To wygląda, jakby komuś wysypały się do wody różowe gąbki, takie jak ta, którą myję się w domu – mówi Martynka i rusza biegiem w stronę dziwnego, różowego stawu z wodospadem. I nagle dostrzega wyraźnie: gąbki się ruszają! I mają długie nogi!

– To flamingi! – wołają równocześnie Janek i Martynka.

– Jest ich chyba z setka – kręci głową tata. I po raz pierwszy to on, a nie dzieci, sięga po atlas zwierząt.

– One żyją w takich koloniach, w jednej może być ich nawet kilka tysięcy.

– Jakie piękne... – Martynka staje przed wodospadem i wpatruje się w różowe flamingi o długich nogach i smukłych szyjach. – To chyba najpiękniejsze ptaki, jakie widziałam w życiu!

Janek też patrzy zachwycony.

– Jak one dziwnie wyginają nogi. Mogłyby chyba robić sweter na drutach bez używania drutów! – mówi w końcu.

Tata z uwagą czyta kolejne informacje w atlasie zwierząt.

– Wiecie, że ich pióra są różowe dzięki temu, że flamingi jedzą malutkie czerwone kraby? – tłumaczy dzieciom. – Gdy w ich diecie brakuje tych skorupiaków, pióra robią się coraz bledsze i bledsze…

– Te są cudownie różowe – uśmiecha się Martynka. – Najwyraźniej opiekunowie flamingów znaleźli sposób, żeby im te kraby dostarczyć.

– O, a tam jest pisklę! – woła Janek. – Nie, to chyba jakiś inny gatunek. Ono jest całkiem białe.

– „Pisklę flamingów wykluwa się białe" – czyta tata, zerkając znów do atlasu. – To na pewno ich dziecko. Dyrektor zoo musi być szczęśliwy… Pani flaming składa tylko jedno jajo w roku, a czasami jedno na dwa lata.

– Ciekawe, która z nich jest tą dumną mamą – rozgląda się Martynka. Ale nie znajduje odpowiedzi, dziesiątki flamingów mienią jej się w oczach. Większość z nich cały czas zanurza dzioby w wodzie.

– Piją i piją… – dziwi się Janek. – I wciąż im mało! Musi im być bardzo gorąco.

– One w ten sposób jedzą – prostuje tata. – W dziobach filtrują wodę, szukając w niej wodorostów i małych zwierzątek, takich jak kraby.

– To bardzo ciekawe! Dziękujemy, małpko, że nas tu przyprowadziłaś – mówi Janek.

Ale małpka nie jest zadowolona. Najwyraźniej wcale nie chodziło jej o to, żeby podziwiali długonogie ptaki! Wskakuje na kamień przy wodospadzie i, coraz bardziej zdenerwowana, pokazuje coś łapką.

Martynka wreszcie zauważa powód jej rozdrażnienia.

– Baloniki! – mówi i wyciąga rękę w tę samą stronę, co małpka swoją długą łapkę. – Ktoś wrzucił do wody baloniki.

– To dla zwierząt bardzo niebezpieczne – wzdycha tata, starając się wyciągnąć balony gałęzią. – Mogą zginąć, próbując je przegryźć albo połykając kawałek gumy…

– Powinno się wszędzie rozwiesić napisy: „Zakaz wrzucania CZEGOKOLWIEK na wybiegi i do zbiorników wodnych" – mówi stanowczo Martynka. A potem wpada na wspaniały pomysł: – Piesku, biegnij! Złap sznurek tych balonów!

Jamniczek, jakby tylko na to czekał, wchodzi do wody, podpływa do balonów i przyciąga je do swojej pani. Flamingi wyglądają, o dziwo, jakby wcale się nie bały. Cofają się tylko trochę i patrzą z ciekawością, co robi to dziwne, kosmate stworzenie.

– Wiedzą, że im pomagamy – mówi Janek i zabiera baloniki ze sobą. Żeby nikomu już nie przyszło do głowy wrzucać ich do stawu z wodospadem.

ROZDZIAŁ 10
Ktoś chyba zgubił rogi

Martynka zerka na balony i mówi czule do pieska:
– Co za szczęście, że schowałeś się w pleca-
ku Janka i zabraliśmy cię do zoo! Inaczej nigdy nie
wyciągnęlibyśmy z wody tych niebezpiecznych dla

Jelenie i sarny są bardzo płochliwe.

zwierząt balonikόw. I kto wie, co by się stało, zanim znaleźlibyśmy kogoś z obsługi, kto przyniósłby odpowiednio długi kij.

– Albo kto miałby takie wysokie buty gumowe jak rybacy – uśmiecha się tata.

Piesek maszeruje teraz przy nodze Martynki z uniesionym ogonem. Doskonale wie, że wszyscy o nim mówią. I pewnie dostanie w domu jakiś przysmak…

– To co, idziemy do krokodyli? – pyta Janek.

A piesek nagle przestaje dumnie kroczyć i wskakuje w ramiona swojej pani, popiskując cicho. Wcale nie ma ochoty na spotkanie z wielkimi zębami tych dziwnych stworόw! W jego oczach wyraźnie widać błaganie: „Nie każcie mi tam iść! Ratunku, ratunku!".

I oto nieoczekiwanie nadciąga pomoc. Czyli pan dozorca, ktόry idzie głόwną alejką, z dużym dzwonkiem w dłoni. Potrząsa nim energicznie i woła:

– Uwaga! Za kwadrans zamykamy! Za piętnaście minut zamykamy! Proszę kierować się do wyjścia!

Jamniczek skulony w ramionach Martynki oddycha z ulgą. Upiekło mu się! Nie będzie musiał stawać oko w oko z krokodylami!

– Ojej, już? – Janek z niedowierzaniem patrzy na zegarek. – Wydawało mi się, że przyszliśmy tu dopiero przed chwilą... że mamy przed sobą jeszcze cały dzień.

– Szczęśliwe chwile mijają bardzo szybko – stwierdza filozoficznie tata.

– Ale przecież nie widzieliśmy jeszcze tylu zwierząt – wzdycha Martynka. – Nie byliśmy u tygrysów ani u lam... Ja tak lubię lamy!

– A ja chciałem iść do insektarium, obejrzeć pająki i szarańcze... I do herpetarium, do węży – mówi Janek. – Może jakiś boa akurat by coś jadł?

– Brr! – wzdryga się Martynka. – Może to i lepiej, że już zamykają. Skoro dzięki temu ominie mnie spotkanie z przeżuwającym wężem i oślizgłymi pająkami...

– Pająki wcale nie są oślizgłe! – oburza się Janek. – Głaskałaś kiedyś tarantulę? Wiesz, jakie ma delikatne futerko?

– Brrr! – powtarza Martynka.

– A węże chyba nie żują pokarmu? – zastanawia się jej brat, niewzruszony. – Połykają go w całości, prawda? – Sięga po atlas, szukając informacji.

– Sprawdzimy to w domu – obiecuje tata. – A teraz biegnijmy szybko do wyjścia, bo inaczej spędzimy w zoo całą noc.

– To byłoby całkiem fajne – uśmiecha się Martynka. Ale zaraz zmienia zdanie: – Nie… chyba jednak nie. Wszystkie te biegające luzem zwierzaki w ciemności pewnie przyprawiłyby nas o zawał, ocierając się nieoczekiwanie o nasze nogi. I te pohukiwania i porykiwania dochodzące ze wszystkich wybiegów…

– Super! Byłoby jak na safari w środku dżungli! – Jankowi bardzo podoba się ten pomysł.

– Pospieszcie się! – prosi tata.

Dzieci maszerują więc główną alejką, a piesek radośnie skacze wokół ich nóg.

Ze wszystkich stron nadciągają inni zwiedzający, którzy usłyszeli dźwięk dzwonka. W alejce robi się nagle tłoczno.

– Może pójdziemy tą mniejszą dróżką? Z drugiej strony strumyka? – proponuje tata.

Dzieci z chęcią się zgadzają. Nie lubią tłumów i wcale nie podoba im się to, że niektórzy oburzają się na widok ich pieska.

– Ojej, kto pozwolił przyprowadzić tutaj to zwierzę? Ono może podusić ptaki! – piszczy jakaś pani.

– Czy ten pies nie jest wściekły? Jakoś dziwnie dyszy – denerwuje się druga.

Martynka grzecznie wyjaśnia, że na wejście pieska do parku wyrazili zgodę pracownicy zoo i że jamnik jest szczepiony. Dyszy ze zmęczenia, bo spaceruje od rana, a przecież łatwo się męczy na swoich krótkich nóżkach. A potem szybko skręca w mniej uczęszcza-

Piesku, nie pij wody z rzeczki przy wybiegu!

ną ścieżkę. I… nieoczekiwanie staje oko w oko z jeleniem! Pięknym, wielkim jeleniem z rozłożystym porożem.

– Ojej! – wzdycha Martynka poruszona tym widokiem.

– Ile ich tu jest! – szepcze za jej plecami Janek.

Martynka rozgląda się i aż zapiera jej dech z wrażenia. Najwyraźniej w tym parku jelenie, daniele, renifery, sarny, łosie i ich inni łagodni krewni chodzą sobie całkiem swobodnie wzdłuż strumyka.

– Tam są małe! Zobacz, mają cętki – pokazuje tata, a Martynka powoli, żeby nie spłoszyć zwierząt, odwraca się w lewo. Rzeczywiście, maluchy na chudych nóżkach piją wodę pod czujnym okiem rodziców.

– Może spróbujemy je pogłaskać? – proponuje Janek.

– Proszę tego nie robić! – Jakiś zdecydowany głos rozlega się tuż przy jego uchu. To pani z plakietką „Opiekun jeleni". Wyjaśnia im, że cała rodzina jeleniowatych ma świetny węch i że matka może porzu-

cić swoje dziecko, jeśli wyczuje obcy zapach. W zoo oczywiście nie da się uniknąć dziwnych, nieznanych woni i być może mama wcale by od swoich dzieci nie uciekła, ale lepiej nie ryzykować.

– Najlepiej po prostu stać i obserwować, jak prowadzą swoje własne, dzikie życie – mówi opiekunka tych pięknych zwierząt. – Zwłaszcza jeśli spotkacie w lesie jelenia albo daniela.

Piesek, słysząc o takiej możliwości, chowa się za nogę Martynki. Dokładnie widział to wielkie kopyto i wcale nie chciałby mieć z nim bliższego kontaktu!

– Te maluchy są takie śliczne – zachwyca się Martynka.

A miła pani wyjaśnia jej, że cętki znikną, gdy młode będą miały pół roku. I opowiada, że kolor sierści jelenia zmienia się zależnie od pory

roku. Zimą jest prawie siwa, tak by nie było go widać wśród ośnieżonych gałęzi, a latem rudobrunatna.

– Ale przecież tam dalej stoją całkiem dorosłe jelenie i też mają cętki – dziwi się Martynka.

– To daniele, krewne jelenia, ale są od niego mniejsze – tłumaczy pani. – I faktycznie, mają cętki, bez względu na wiek.

– Ich samce nie mają rogów? – pyta Janek.

– Mają, tak samo jak jelenie. Tyle że jeleniom rosną one przez całe życie i można po nich poznać, czy zwierzę jest młode czy stare. Tymczasem daniele, tak jak łosie i renifery, zrzucają poroże co roku. Łosie wczesną zimą, a daniele pod koniec wiosny. Niedługo wyrosną im nowe – wyjaśnia cierpliwie opiekunka zwierząt.

Dzieci mają jeszcze tyle pytań, ale dzwonek dozorcy odzywa się po raz kolejny.

– Pieseczku, chodź już. Nie pij wody ze strumyka, zostaw ją jeleniom – prosi Martynka. – Jak wyjdziemy, dam ci wody z butelki.

– Wasz piesek chyba wcale nie chce wyjść. Spodobało mu się leśne życie wśród jeleni – śmieje się opiekunka rogatych ssaków.

– Wrócimy tutaj! – mówi tata, nie wiadomo czy do niej, czy do jamniczka. – Wrócimy na pewno.

– Wrócimy – potakuje Janek. – Dziękujemy pani bardzo.

– Wrócimy jesienią, dobrze? – prosi Martynka. – Zobaczymy, czy danielom wyrosły nowe poroża i czy mały słonik trochę urósł, a pisklak flamingów zrobił się różowy, i jeszcze…

– I tym razem na pewno pójdziemy do insektarium i herpetarium! – kończy za nią Janek.

Martynka wzdycha pogodzona z losem. Niech już będą te pająki… skoro dzięki temu znów będzie mogła przyjść do zoo!

KONIEC

Po co nam zoo?

W ogrodzie zoologicznym spotkałam zwierzęta, których nigdy nie widziałam na wolności. To sprawiło, że zaczęłam się zastanawiać, dlaczego istnieją takie ogrody.

ZADANIE nr 1 — Ochrona zwierząt

Pierwsze ogrody zoologiczne tworzono głównie po to, by zaspokoić ciekawość ludzi, którzy chcieli zobaczyć z bliska słonia albo lwa. Teraz ich główną misją jest ochrona gatunków zagrożonych.

ZADANIE nr 2 — Opieka nad zwierzętami

Góra lodowa

To wielka, pływająca w morzu lub osiadła na jego dnie bryła lodu. Nad powierzchnię wody wystaje tylko jej mały kawałek!

Oaza

To miejsce na pustyni, gdzie występuje bujna roślinność i jest dostępna woda.

Dzisiejsze ogrody zoologiczne nie przypominają wcale smutnych parków pełnych ciasnych klatek. Zwierzętom tworzy się takie warunki, jakie miałyby w naturze, np. małe góry lodowe dla niedźwiedzi polarnych czy miniaturowe oazy dla wielbłądów. Zwierzęta urodzone w niewoli często nie poradziłyby sobie na wolności i ogrody są ich jedyną szansą na przeżycie. Do zoo trafiają też chore dzikie zwierzęta, np. ranne bociany i bieliki.

Reintrodukcja zwierząt

Reintrodukcja to wprowadzanie zwierząt urodzonych w niewoli z powrotem na tereny, gdzie kiedyś bytował ich gatunek lub gdzie ciągle występuje, lecz jest zagrożony wyginięciem. Ogrody zoologiczne robią wiele, by niektóre gatunki, np. niedźwiedzie, znów żyły i rozmnażały się na wolności. Takie zwierzę, wypuszczane w lesie czy w górach, nosi bransoletkę lub ma wszczepiony chip. Pozwala on dawnym opiekunom śledzić jego losy i sprawdzać, gdzie i jak długo żyje.

Najstarsze zoo na świecie

Już w starożytnym Egipcie, 4000 lat temu, w jednym miejscu zebrano różne gatunki zwierząt, by ciekawscy mogli je oglądać. Było tam 100 słoni, 70 kotów i setki innych ssaków.

Niedźwiedzie polarne uwielbiają zimną wodę!

Za kulisami

Spacerując po zoo, widzimy przede wszystkim zwierzęta. Ale tak naprawdę setki ludzi pracują, żeby były one szczęśliwe i zdrowe, a zwiedzający miło spędzili czas.

Troskliwa opieka

Opiekunowie zwierząt codziennie dbają o każdego ze swoich podopiecznych. Karmią je, czyszczą ich wybiegi, a także spędzają z nimi czas, po prostu się bawiąc. Dzięki temu w razie potrzeby zwierzęta pozwalają im obejrzeć ranną łapę albo zajrzeć sobie do pyska bez narkozy.

Lwica

jest bardzo dumna ze swoich dzieci.

Dla każdego inne menu

Niedźwiedź:
5 kg mięsa i 10 kg warzyw

Lew:
5 kg czerwonego mięsa

Słoń:
200-300 kg trawy

Żyrafa:
30 kg liści

Codzienna toaleta

Niektóre zwierzaki biorą prysznic. Są wśród nich słonie, które uwielbiają wodę. Inne trzeba z kolei szczotkować, czesać. Są i takie, które wymagają obcinania pazurów.

Czas na porządki

Rano, zanim przyjdą pierwsi zwiedzający, odbywa się wielkie sprzątanie całego ogrodu. Zamiatanie alejek, usuwanie z klatek i wybiegów resztek jedzenia i nieczystości (to słowo oznacza po prostu odchody zwierząt). Zwierzęta rozchorowałyby się, gdyby miały brudno!

Narodziny: wielkie wydarzenie!

Narodziny każdego nowego zwierzęcia w zoo witane są z wielką radością. Nie zdarzają się bowiem codziennie! Gdy na świat przychodzi nowy mieszkaniec ogrodu, wszyscy mają powody do świętowania.

Kto tu pracuje?

Dyrektor zoo
Kieruje całym ogrodem, wszystkiego dogląda, decyduje o zakupie zwierząt lub budowie nowego wybiegu.

Weterynarze
Odpowiadają za zdrowie zwierząt. Jeśli planowane jest powtórne wprowadzenie jakiegoś zwierzaka w jego naturalne środowisko, odpowiednio go do tego przygotowują.

Opiekunowie
Muszą pamiętać o jedzeniu, codziennej toalecie, sprzątaniu wybiegu lub klatki i o wszystkim, co dotyczy ich podopiecznych.

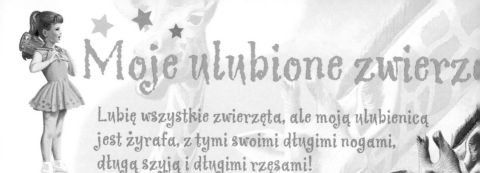

Moje ulubione zwierzę

Lubię wszystkie zwierzęta, ale moją ulubienicą
jest żyrafa, z tymi swoimi długimi nogami,
długą szyją i długimi rzęsami!

Zielona dieta

Żyrafa zjada liście różnych
drzew, najbardziej jednak
lubi akacje. Na sawannie
drzewa te mają 2-6 m wysokości. Są idealne dla żyrafy!

Inochód

Żyrafa chodzi inochodem,
czyli podnosi najpierw
obie lewe nogi, przednią i tylną,
a potem obie prawe. Żyrafa potrafi
biegać z prędkością 50 km/h.

Mała, malutka... dwumetrowa!

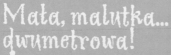

Żyrafa w chwili narodzin ma prawie
2 m wzrostu. Więcej niż mój tata!
Waży od 40 kg do 80 kg.

Niełatwo się napić

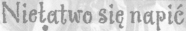

Żeby się napić, żyrafa musi rozstawić
jak najszerzej przednie nogi i zgiąć
kolana. W tym momencie jest narażona
na atak drapieżników. Nic dziwnego,
że pije tylko raz na 2-5 dni!

Żyrafa

Rodzina: żyrafowate

Występowanie: sawanny na południu i wschodzie Afryki

Wzrost: do 5,5 m

Waga: do 1300 kg

Długość życia: do 30 lat

Silna i szybka

Zdrowa dorosła żyrafa może wygrać nawet z lwem! Potrafi rozbić jego czaszkę lub połamać mu żebra swoimi kopytami. Najczęściej jednak, zamiast walczyć, żyrafa po prostu błyskawicznie ucieka.

Drobne wiadomości!

🍀 **Jej głowa:** Ma małe rożki, pokryte skórą.

🍀 **Jej język:** Jest bardzo długi (54 cm!) i bardzo silny.

🍀 **Jej szyja:** Może mierzyć ponad 2 m!

🍀 **Jej ogon:** Ma około 90 cm i jest zakończony kępką włosów, które służą żyrafie do odganiania much.

Najwyższe zwierzę świata!

93

Moje małe sekrety

W zoo dowiedziałam się wielu niezwykłych rzeczy. Zapisałam je w swoim sekretnym pamiętniku.

Małe dzieci uwielbiają wielkie słonie.

UWAGA!

Nigdy nie próbuj dotknąć zwierzęcia w zoo przez kraty klatki. Nawet jeśli wydaje się ono łagodne, to wciąż jest dzikim stworzeniem, którego reakcji nie da się przewidzieć.

Jeden z opiekunów spotkanych w zoo dał mi tę cenną radę.

A słonie uwielbiają orzeszki i owoce.

NAJWIĘKSZE ZWIERZĘ NA ŚWIECIE

Największym zwierzęciem lądowym jest słoń. Ma do 4 m wysokości i waży do 6 ton. W morzu żyje jednak zwierzę większe od niego: płetwal błękitny. Największy, którego zmierzono, miał długość 33,6 m i ważył 120 ton!

Żółwie pływają w morzu równie dobrze, jak ryby.

Spotkałam je w pawilonie akwarium.

ŻÓŁWIE MORSKIE

Te zwierzęta są naprawdę długowieczne. Najstarszy żył na Madagaskarze 188 lat!

Pingwiny żyją

w najzimniejszych rejonach Ziemi. Ogrzewają się, tuląc się do siebie i poruszając się przez cały czas. Mają specjalny system, dzięki któremu cała kolonia pingwinów może przetrwać nawet najgorszą wichurę: pingwiny stojące na zewnątrz chronią przed wiatrem te, które są w środku kręgu. Gdy tym z zewnątrz robi się zimno, zamieniają się miejscami z pingwinami ze środka. I znów jest im „gorąco".

Flamingi to ptaki brodzące. Całymi dniami stoją w wodzie.

Długie nogi flamingów

pozbawione są piór. Ptaki te bardzo często marzną w stopy, na których stoją w wodzie. Dlatego możesz zobaczyć, jak unoszą jedną nogę w górę i ogrzewają stopę, stojąc na drugiej. Nie mają żadnych problemów z zachowaniem równowagi!

Pingwiny są tak mądre jak małpy.

Najwyższy odnotowany samiec żyrafy miał około 5,9 m wzrostu!

W serii: